DISCOURS

PRONONCÉS LE 8 AVRIL 1878

SUR LA TOMBE DE

M. FÉLIX BOUDET

Membre de l'Académie de médecine,
Membre honoraire du Conseil de salubrité du département de la Seine,
Ancien professeur agrégé à l'École supérieure de pharmacie de Paris,
Secrétaire général de la Société de secours des Amis des sciences,
Président honoraire de la Société protectrice de l'Enfance.
Chevalier de la Légion d'honneur.

PARIS

IMPRIMERIE ARNOUS DE RIVIÈRE

26, RUE RACINE, 26

—

1878

DISCOURS PRONONCÉ

PAR M. HENRI SAINTE-CLAIRE DEVILLE

MEMBRE DE L'ACADÉMIE DES SCIENCES.

M. Félix Boudet, membre de l'Académie de médecine, a été un savant distingué ; il a rempli dans notre administraton des emplois importants, enfin il a accepté, dans ces dernières années, des fonctions dans la Société protectrice de l'enfance, dans la Société Thenard des amis des sciences, fonctions auxquelles il s'est consacré avec un dévouement, une abnégation et un oubli de ses propres intérêts, qui ne seront jamais oubliés.

Comme savant, il a publié deux mémoires qui auront toujours une grande place dans la science : d'abord, un travail sur les réactions mutuelles des matières grasses et de l'acide hyponitrique : les résultats précis, les observations importantes qui y sont consignées sont devenus classiques, et le nom de M. Boudet se trouve nécessairement attaché aux applications qui en ont été faites.

Le second mémoire, dont je dirai seulement quelques mots, lui est commun avec M. Boutron : c'est l'exposé d'une méthode analytique précise et surtout d'une exécution facile qui permet, en très-peu de temps, de déterminer la composition des eaux potables : les instruments qu'ils ont inventés, les réactifs qu'ils ont employés sont d'un usage quotidien, et quand vous entendrez parler du titre hydrotimétrique d'une eau de source ou de rivière, souvenez-vous du nom de M. Boudet. Il est attaché désormais à un procédé analytique qui ne sera pas remplacé, tant ses indications sont sûres et les nombres qu'il donne sont exacts.

Aussi M. Boudet, en sa qualité de chimiste, membre du

conseil de salubrité, a-t-il été l'homme le plus souvent consulté sur les questions qui ont été soulevées, lorsque le conseil municipal de Paris a décidé la construction des canaux et aqueducs qui amènent à l'aris les eaux de la Dhuys et de la Vanne.

Par une triste coïncidence, le même jour, à la même heure, nous rendons le même devoir funèbre à M. Boudet et à M. Belgrand. Le célébre ingénieur, l'auteur de ces mêmes projets de canalisation, a été guidé dans toutes ses recherches par les analyses de M. Boudet et a constamment eu recours à la méthode hydrotimétrique de MM. Boutron et Boudet.

Comme application, M. Boudet ajoute à son mémoire un beau et complet travail sur la composition des eaux de source et de rivière adressé en 1861 au préfet de la Seine.

J'ai voulu donner une idée sommaire de la valeur scientifique des travaux de M. Boudet, en prenant seulement deux exemples frappants dans ses nombreuses publications. Mais que dire de la valeur morale d'un homme aussi pur, aussi bon et aussi habile à faire le bien ? Il suffira pour le faire comprendre de le suivre quelques instants dans les fonctions qu'il a remplies dans la Société protectrice de l'enfance et dans la Société des amis des sciences où j'ai eu le bonheur de le voir et de l'écouter si souvent. Il avait été l'un des fondateurs de cette société : à la mort de M. de Sénarmont, en 1861, il en fut le secrétaire général. Depuis 20 ans, M. Boudet en a été l'âme et le soutien. Il en a fait les archives, il en a consacré tous les précédents ; et la tradition se fera sur les exemples de sagesse et de prudence qu'il a donnés et qu'on saura imiter. Guidé dans cette œuvre par des présidents choisis parmi les hommes les plus considérables de la science, le secrétaire général indiquait la juste mesure dans le bien ; savait exécuter avec un tact parfait toutes les décissions du conseil, et répandait parmi les pauvres de la science et les familles de ces pauvres les faibles ressources d'une société qui est encore bien jeune. M. Boudet et ses savants collaborateurs ont toujours choisi avec soin, même avec une rigueur commandée d'ailleurs par l'exiguïté de notre capital, les clients de la Société, de façon qu'aujourd'hui ces bienfaits n'arrivent qu'à ceux qui ont mérité beaucoup de la science, mais peu de la fortune. Ils sont comme étaient souvent, comme auraient dû être toujours les pensions accordées autrefois par les princes, ils sont, pour ceux qui les reçoivent, un titre à l'estime publique.

Mon digne et savant ami M. Boudet est mort à près de soixante-douze ans. Frappé jadis dans sa famille d'une manière cruelle, frappé gravement dans sa santé depuis peu de temps, il a trouvé près de lui une femme, des enfants qui l'ont entouré des soins les plus tendres. Il est mort au milieu des siens dans un calme moral admirable, sachant son état et se résignant à tout, sauf à la douleur qu'éprouvaient sa famille et ses amis. Sa digne veuve me prie de déclarer que, « son mari est mort en fervent « catholique, demandant lui-même tous les secours de la reli- « gion et exprimant combien il avait trouvé de force, de con- « solation et de bonheur dans sa foi. » Je le fais ici en transcrivant fidèlement et avec respect les termes qu'elle-même m'a dictés.

La famille Boudet possède une noblesse scientifique vieille déjà de plusieurs générations. L'ami que nous quittons aujourd'hui n'a pas dérogé : il a été, en outre, un homme bon et sachant faire le bien : ceux qui sont dignes de l'imiter ne l'oublieront jamais.

DISCOURS PRONONCÉ

PAR M. RICHE

MEMBRE DE L'ACADÉMIE DE MÉDECINE.

Messieurs,

A peine l'Académie de médecine m'a-t-elle fait l'honneur de
m'admettre dans la section de pharmacie, à la place qu'y oc-
cupait si dignement Gobley, qu'un deuil nouveau vient la
frapper, et que m'est confié le triste devoir d'adresser, au nom
de cette section et de l'Académie, un dernier adieu, de rendre
un dernier hommage au confrère estimé, au savant conscien-
cieux dont la tombe entr'ouverte va se fermer à jamais.

Ce n'est pas ici le lieu de retracer le détail de ses travaux et
de ses services académiques. Je ne puis qu'esquisser à grands
traits cette vie si bien remplie, et mettre en lumière ces deux
points saillants qui la caractérisent et la résument : son ardeur
infatigable pour le travail et son amour passionné pour le bien.

Félix-Henri Boudet est né à Paris le 22 mai 1806. Après de
fortes études au lycée Charlemagne, il se livra, comme nombre
de jeunes savants de cette époque, à l'étude de la pharmacie,
et dans la même année, en 1833, il obtenait les diplômes de
docteur ès sciences et de pharmacien.

Les thèses qu'il soutint pour conquérir ces deux grades sont
deux travaux originaux importants. La première contient une
étude de l'*action hypoazotique sur les huiles*. Il y fait connaître
un moyen, fréquemment usité aujourd'hui, pour discerner les
mélanges de ces substances dont la valeur et les emplois sont
si différents. Ce réactif lui permet de distinguer deux sortes
d'oléines : l'une qui se rencontre dans les huiles siccatives de

lin, de noix, de pavot, sur laquelle l'acide hypoazotique est sans action ; l'autre qui se trouve dans les huiles non siccatives d'olive, d'amandes douces, dans les graisses, que cet acide attaque avec énergie pour fournir une substance solide, l'élaïdine susceptible de se transformer en un acide distinct, l'acide élaïdique.

Dans la seconde de ces thèses, le jeune chimiste étudie la *nature du sérum du sang* sur laquelle on n'avait que des notions très-incomplètes, et y signale l'existence de nouveaux éléments.

Dès que Félix Boudet eut obtenu ces deux grades, il prit la direction de l'officine de son père, — ou plus justement, — de sa famille, car celui-ci avait remplacé son oncle, qui avait suivi le général Bonaparte en Égypte, où il devint membre de l'Institut créé dans ce pays.

Succéder dignement à ses deux ancêtres, à Deyeux et à Pia, était une lourde tâche. Elle ne fut pas au-dessus des forces de notre confrère, et le renom de la maison ne fit que s'accroître parce qu'il était doué d'une infatigable activité, et que nul n'avait à un plus haut degré le sentiment de la dignité professionnelle du pharmacien.

Malgré ce travail incessant, il trouva néanmoins le temps de publier un grand nombre de recherches qui ont trait pour la plupart à des applications de la chimie á la pharmacie ; aussi lorsqu'en 1841, le Collége des pharmaciens perdit son autonomie et entra dans l'Université de l'État sous le nom d'École supérieure de pharmacie, fut-il naturellement désigné pour inaugurer l'agrégation avec M. Chatin, le seul survivant, et avec Henry, Buignet et Gobley.

Ces cinq hommes ont tenu ce qu'ils promettaient au début de la carrière et étendu cette parole : l'officine du pharmacien a été le berceau de la chimie. Tous ont exercé la profession avec distinction, soit dans les hôpitaux, soit à la tête des maisons les plus justement renommées de Paris. Tous ont été membres de l'Académie de médecine.

En 1846, Boudet fut nommé chevalier de la Légion d'honneur.

En 1849, un double et cruel malheur le frappa dans ses plus

chères affections : à trois mois de distance il perdit un jeune
frère qui suivait avec succès la carrière médicale, et son père,
qui, lui aussi, appartenait à cette Académie. Sa santé en
éprouva une telle atteinte que sa femme et ses amis unirent
leurs efforts pour qu'il prît quelque repos, et il se décida à
quitter la pharmacie pratique plutôt que d'abandonner ses recherches. Mais il tint essentiellement à ce que la maison de
Deyeux passât aux mains d'un homme digne de ses prédéces-
seurs, et il la céda à Edmond Robiquet, jeune agrégé de l'École
de pharmacie, qu'une mort soudaine enleva peu de temps
après.

La récompense ne se fit pas attendre. En 1852, il était nommé
membre du Conseil d'hygiène et de salubrité de Paris, et, en
1856, son vœu le plus ardent fut réalisé par son élection à
l'Académie de médecine.

Dès ce jour, Boudet se consacra tout entier à des travaux de
chimie appliquée, et surtout aux occupations délicates et multi-
pliées qui lui incombaient comme membre de l'Académie de
médecine, du conseil de salubrité, de la Société de pharmacie,
et du comité de rédaction du *Journal de pharmacie et de chimie*
dont son père avait été l'un des fondateurs.

Permettez-moi d'appeler quelques instants votre attention sur
deux sujets dont il a fait une étude approfondie, et qui sont la
preuve de cette ténacité au travail et de cet amour du bien que
je signalais comme caractérisant la vie de notre confrère.

En 1854, il publia, en commun avec M. Boutron, le vénéré
doyen de notre section, un travail plein d'intérêt sur les eaux
potables dans lequel ces deux savants font connaître une méthode d'analyse, basée sur l'emploi d'une solution alcoolique de
savon, déjà indiquée par Clarke, méthode d'analyse qui est devenue entre leurs mains un moyen, suffisamment exact pour la
pratique, de dosage de la chaux, des oxydes terreux et même
de l'acide carbonique.

Pour donner une idée des services rendus par cette méthode,
il me suffira de dire que c'est grâce à elle qu'un autre savant,
Belgrand, que, par une triste coïncidence, on conduit également
aujoud'hui à sa dernière demeure, a pu suffire à la tâche d'ana-
lyser jour par jour les eaux du bassin de Paris et des bassins

environnants et de comparer pendant des années ces eaux entre elles, c'est-à-dire qu'elle a été le guide de ces recherches considérables qui ont eu pour magnifique résultat de doter Paris d'un service d'eaux dont la qualité ne le cède en rien à la quantité.

Boudet entra lui-même dans l'examen de cette question des eaux de Paris, et en 1855 il adressait au préfet de police un rapport très-intéressant sur ce sujet à propos des travaux de MM. Mille et Belgrand, et depuis cette époque il n'a cessé de s'en occuper. Après avoir éclairé l'administration sur le système *artériel* de Paris, comme M. Dumas a spirituellement appelé l'aménagement et la distribution de l'eau saine et aérée destinée à l'alimentation de la ville, il s'est attaché, soit seul, soit en commun avec M. Gérardin, à en étudier le système *veineux*, c'est-à-dire les liquides pollués et privés d'air respirable qui, jetés dans la Seine à Clichy et à Saint-Denis, constituent pour les riverains, même à de grandes distances, un foyer permanent et redoutable d'infection et d'insalubrité.

Le second sujet auquel Boudet a consacré aussi de longues années d'études est entièrement différent du précédent et d'une portée bien autrement grande. C'est de toutes les questions que le savant et le législateur doit résoudre une des plus importantes, parce que le développement physique, intellectuel et moral de notre pays en dépend pour une grande part : je veux parler de la réglementation des soins à donner à l'enfance. C'est à Boudet que revient l'honneur d'avoir appelé sur ce sujet l'attention de l'Académie, et, dès 1866, il s'attachait à démontrer qu'elle seule avait la compétence nécessaire pour étudier ce problème. Il s'en est suivi en 1868 et en 1869 une mémorable discussion qui, portant d'abord sur la mortalité des nourrissons, se généralisa et embrassa tous les points qui se lient à l'hygiène de l'enfance. Notre confrère fut sans cesse sur la brèche. Il établit que notre pays se trouve vis-à-vis des États voisins dans un état d'infériorité profondément regrettable, et lorsque, emporté par une ardeur juvénile due à sa conviction passionnée, il s'écria : Messieurs, *la patrie est en danger*, l'assemblée tout entière se sentit profondément émue.

Une commission permanente fut nommée. Boudet en obtint chaque année la présidence et il n'est pas douteux que si, dans les sphères administratives, un progrès notable s'est réalisé, il en revient une grande part à cette commission dont les lumineux rapports sont dus à la plume de M. Devilliers.

Il semble que tant et de si importants travaux étaient suffisants pour occuper l'activité de notre confrère, et cependant il n'en est rien. Une voix plus autorisée, celle de mon bien-aimé maître, M. Sainte-Claire Deville, vient de vous retracer les services que Boudet a rendus à la Société de Thenard, à la Société des amis des sciences, qui, si près de son berceau, est devenue, grâce surtout au dévouement et à l'activité de son secrétaire général, une institution très-florissante.

La passion de Boudet pour l'étude et pour le bien l'a malheureusement empêché d'écouter la voix de sa famille et de ses amis, et l'abus de ses forces lui a donné, il y a deux ans, les premières atteintes du mal qui nous l'a enlevé. Mais, si sa parole et sa main étaient devenues inhabiles à traduire toute sa pensée, la lucidité de son esprit et la chaleur de son cœur étaient restées intactes, car, il y a quelques jours à peine, déjà dans les bras de la mort, pénétré du secours inattendu que les travaux de M. Pasteur peuvent apporter à l'art de guérir, il remettait à M. Dumas, sous le voile de l'anonyme, une somme de 6,000 francs pour l'auteur de l'application la plus heureuse des nouvelles théories à la médecine et à la chirurgie.

Adieu, cher et regretté confrère. Tu as été l'honneur de la pharmacie et de l'École de pharmacie de Paris; tu as été l'honneur de cette Académie; je puis le dire sans exagération, tu as été l'honneur de l'humanité. Et, s'il peut y avoir quelque consolation pour la compagne qui t'a entouré de tant de soins et pour tes enfants si profondément affligés, c'est assurément dans cette pensée que bien peu d'hommes quittent cette terre après y avoir semé tant de bons exemples et fait éclore tant de bien.

DISCOURS PRONONCÉ

PAR M. MÉHU

PRÉSIDENT DE LA SOCIÉTÉ DE PHARMACIE DE PARIS.

Messieurs,

C'est au nom de la Société de pharmacie que je viens dire aussi un dernier adieu à notre bien regretté collègue.

Depuis plus de quarante ans qu'il appartenait à notre Société et jusqu'à l'heure où l'impitoyable mal qui devait nous le ravir est venu le frapper, M. F. Boudet fut l'un de ses membres les plus assidus et les plus dévoués, et assurément l'un de ceux qui lui faisaient le plus d'honneur par ses travaux scientifiques. Le caractère généreux et le zèle ardent que M. F. Boudet apportait à tout ce qui touche aux progrès des sciences comme aussi à l'honneur et aux intérêts généraux de notre profession nous le rendaient mille fois précieux. Nous tous qui savons combien fut grande la part de M. Boudet dans les travaux des Sociétés scientifiques et philanthropiques auxquelles il s'était associé et tout particulièrement dans ceux de la Société de pharmacie, nous sentons la grandeur de la perte que nous subissons et nous la déplorons amèrement. Car nul de nous ne saurait oublier jamais combien il stimulait le zèle de ses collègues par ses excellents conseils et plus encore par son exemple.

L'homme de science et de devoir que nous pleurons aujourd'hui laisse de nombreux travaux originaux. Tout jeune encore en 1832, M. Boudet soutenait devant la Faculté des sciences de Paris une thèse de doctorat sur *l'action de l'acide hyponitrique sur les huiles;* c'est là qu'il expose sa découverte importante de deux principes nouveaux de l'histoire des corps gras, l'élaïdine et l'acide élaïdique.

Un an plus tard, dans sa thèse non moins remarquable sur le sang soutenue devant l'École de pharmacie, il démontrait dans ce liquide l'existence d'un savon alcalin, celle de la cholestérine et d'un corps jusqu'alors inconnu qu'il nomma *séroline*.

Stimulé par d'aussi brillants débuts et encouragé d'ailleurs par les plus illustres chimistes de ce temps, M. Boudet se livra avec autant d'ardeur que de succès à des études scientifiques sur des sujets des plus variés. Pendant plusieurs années aussi il dirigea avec un grand talent et la plus rigide probité l'une des pharmacies les plus justement renommées de Paris.

Laissez-moi rappeler encore à votre souvenir quelques-uns de ses travaux devenus classiques : 1º son *Mémoire sur la substitution du sulfure de sodium à l'orpiment dans le dépilage des peaux*, travail important qui mérite à notre cher collègue une place très-honorable parmi les bienfaiteurs de l'humanité; 2º *l'Hydrotimétrie* (en collaboration avec M. Boutron), ses études sur les eaux potables, sur les eaux minérales et sur l'assainissement des eaux putrides; 3º enfin, de nombreux mémoires de pharmacie pratique, parmi lesquels une étude sur le sirop de quinquina, dont les résultats sont inscrits au Codex.

Je m'arrête, Messieurs, car j'ai une trop imparfaite connaissance des travaux de M. F. Boudet pour en tracer un exposé digne de leur auteur. J'ai simplement essayé de vous rappeler la grandeur de la perte que nous subissons. L'heure viendra où une main amie et plus expérimentée que la mienne recueillera pieusement les mémoires laissés par notre regretté collègue et nous dira tout ce qu'a produit cette vie d'homme de bien et de savant.

Au nom de tous vos collègues, cher monsieur Boudet, je vous dis un dernier adieu.

DISCOURS PRONONCÉ

PAR M. LE DOCTEUR MARJOLIN

VICE-PRÉSIDENT DE LA SOCIÉTÉ PROTECTRICE DE L'ENFANCE.

Messieurs,

En venant, au nom de la Société protectrice de l'Enfance de Paris, dire un dernier adieu à notre cher et vénéré Président honoraire, M. F. Boudet, je ne fais qu'acquitter une dette de reconnaissance si justement due à la mémoire du savant et de l'homme de bien qui, pendant les cinq années de sa présidence, donna à cette Société naissante une impulsion qui contribua singulièrement à la faire connaître et à lui gagner des adhésions.

Messieurs, il est des hommes dont le caractère intime se révèle tout d'un coup au milieu de la carrière la mieux remplie, par un de ces actes dont les résultats ont une importance réelle pour le bien du pays. M. Boudet aura été de ce nombre, et, s'il n'a pas eu l'idée de la création de la Société protectrice de l'enfance, il fut certainement le plus ardent de ses membres pour faire une propagande des plus actives. Parlant à tous avec cette chaleureuse éloquence que donne la conviction, il fit les plus nobles efforts pour tirer le pays de la coupable insouciance avec laquelle, depuis des années, il laissait périr tant d'enfants qui auraient constitué sa richesse et sa force.

Mais il ne suffisait pas d'avoir provoqué l'attention de l'Académie de médecine sur le triste sort réservé à tant d'enfants, il fallait donner l'exemple de la persévérance dans cette lutte contre l'ignorance, l'apathie et l'oubli des devoirs les plus sacrés, et c'est à cette rude tâche que notre cher collègue consacra tout son temps, tous ses efforts. Il s'y épuisa, c'est le mot, et nous le voyons encore, frappé déjà par la terrible affection qui devait nous priver de son concours actif, s'intéresser jusqu'à ses derniers moments aux travaux de notre Société. C'est le soldat qui combat jusqu'à la mort, il ne rend pas son drapeau, il le confie à ses survivants pour le défendre et le maintenir haut dans la lutte; c'est l'apôtre qui, sentant ses forces faiblir, recommande à ses compagnons de ne jamais abandonner l'œuvre entreprise; il faut conserver au pays ses enfants, ses défenseurs, il faut sortir de cette apathie dangereuse, criminelle, qui nous appauvrit, qui nous décime; il faut relever cette pauvre France si cruellement éprouvée, et pour cela il faut, avant tout, s'occuper de la jeunesse.

Telle fut, Messieurs, la part active que notre excellent ami et Président ne cessa de prendre dans toutes les circonstances où il s'gissait de questions relatives à l'hygiène et à la protection de l'enfance; j'avais donc raison de dire que son nom restera à jamais attaché à cette grande œuvre de la régénération de notre pays.

A cette bonté et à cette ardeur entraînante, M. Boudet joignait une autre qualité non moins grande, celle de la modestie; personne n'a retracé avec la plus impartiale vérité l'histoire des premières années de notre Société; il y a seulement une lacune : nulle part on ne trouve trace de ce qu'il avait su faire avec tant de zèle et de dévonement.

Messieurs, on a souvent dit et repété que le plus bel éloge que l'on pourrait faire de ceux qui ont bien vécu était de les imiter; dans cette douloureuse circonstance, permettez-moi donc de m'adresser à vous tous qui êtes venus vous associer au deuil d'une famille; M. Boudet a consacré une grande partie de sa vie à une œuvre éminemment nationale, à la Société protectrice de l'enfance; ne laissez pas périr cette œuvre, soutenez-la de votre appui, de votre concours, ce sera la meilleure manière d'honorer sa mémoire.